Los cohetes

David Baker y
Heather Kissock

Todo sobre el espacio

LIGHTBOX
openlightbox.com

LIGHTBOX

Entre a
www.openlightbox.com
e ingrese el código único
de este libro.

CÓDIGO DE ACCESO

LBXK7477

Lightbox es una completa solucióndigital para enseñar y aprender temas curriculares de una manera original e innovadora. Lightbox se basa en las Normas Curriculares Nacionales.

OPTIMIZADO PARA

- ✓ TABLETAS
- ✓ PIZARRAS ELECTRÓNICAS
- ✓ COMPUTADORAS
- ✓ ¡Y MUCHO MÁS!

CARACTERÍSTICAS ESTÁNDAR DE LIGHTBOX

- **AUDIO** Narraciones de alta calidad con sistema de texto a voz
- **VIDEOS** Videoclips de alta definición incorporados
- **ACTIVIDADES** PDFs imprimibles que pueden enviarse por correo electrónico y calificarse
- **ENLACES WEB** Enlaces cuidadosamente seleccionados con recursos seguros para niños
- **PRESENTACIÓN EN DIAPOSITIVAS** Ilustraciones gráficas de los conceptos clave
- **MAPAS INTERACTIVOS** Mapas interactivos e imágenes satelitales aéreas
- QUIZ **CUESTIONARIOS** Diez preguntas de elección multiple con puntaje automático que se envían por correo electrónico al docente para su evaluación
- **PALABRAS CLAVE** Combinación de los conceptos clave con sus definiciones

RECURSOS SUPLEMENTARIOS

- **COMPARTE** Comparte títulos dentro de tu Sistema de Gestión de Aprendizaje (LMS) o Sistema de Circulación de Bibliotecas
- **CURRÍCULO** Encuentre correlaciones curriculares Nacionales y Estatales.
- **CITAS** Crea referencias bibliográficas siguiendo los estilos de APA, CMOS y MLA

VIDEOS

ENLACES WEB

PRESENTACIÓN EN DIAPOSITIVAS

CUESTIONARIOS

Este título está incluido en nuestra suscripción digital de Lightbox

Suscripción en español de K–5 por 1 año
ISBN 978-1-5105-5935-6

Accede a cientos de títulos de Lightbox con nuestra suscripción digital.
Regístrate para una prueba **GRATUITA** en **www.openlightbox.com/trial**

Se garantiza que los componentes digitales de este libro estarán activos por al menos cinco años desde la fecha de publicación.

Todo sobre el espacio

Los cohetes

CONTENIDOS

Un **cohete** es un motor muy potente.

Los cohetes se usan para llevar personas y objetos al espacio.

CENTROS DE LANZAMIENTO DE COHETES EN EL MUNDO

Cosmódromo de Baikonur
- País: Kazajistán
- Se inauguró en: 1955

Centro Espacial Kennedy
- País: Estados Unidos
- Se inauguró en: 1962

Centro Espacial Satish Dhawan
- País: India
- Se inauguró en: 1971

Los **primeros cohetes** se fabricaron en China hace cerca de 1000 años.

Estos cohetes se usaban como fuegos artificiales.

Los cohetes queman combustible.

Quemando combustible, los cohetes se impulsan **hacia adelante**.

TIPOS DE COHETES

Cohetes de combustible sólido

- Se desplazan quemando combustible sólido.
- Cohete de combustible sólido destacado: Atlas V

Cohetes de combustible líquido

- Usan combustible líquido para moverse.
- Cohete de combustible líquido destacado: Ariane 5

El cohete es la **única máquina** que puede **viajar** de la Tierra **al espacio**.

Lleva todo lo que necesita para volar.

Los cohetes son muy veloces.

El cohete **viaja** a más de **17 000 millas por hora** para ir de la Tierra al espacio.

Una **nave espacial** puede necesitar más de un cohete para llegar al espacio.

Para enviar a los estadounidenses a la **Luna**, se usó un cohete muy grande.

Ese cohete se llamó el **Saturno V**.

COHETES DESTACADOS

Saturno V

Lanzado por primera vez en 1967.

Atlas V

Lanzado por primera vez en 2002.

Falcon Heavy

Lanzado por primera vez en 2018.

Todos los días se **construyen** nuevos cohetes.

Algún día, los cohetes podrán llevar gente a Marte.

DATOS SOBRE LOS COHETES

Estas páginas ofrecen información detallada sobre los interesantes datos de este libro. Están dirigidas a los adultos, como soporte, para que ayuden a los jóvenes lectores a redondear sus conocimientos sobre el espacio.

Páginas 4–5

Un cohete es un motor muy potente. La palabra "cohete" viene de una palabra italiana que define a un cilindro giratorio. Un cohete puede producir más potencia, para su tamaño, que cualquier otro tipo de motor. Entre 1981 y 2011, se utilizaron cohetes para llevar al transbordador espacial al espacio. El cohete principal de un transbordador espacial tenía la potencia de 39 locomotoras de tren.

Páginas 6–7

Los primeros cohetes se fabricaron en China hace cerca de 1 000 años. Estos cohetes tenían forma de flecha. Impulsados por pólvora, se comenzaron a utilizar como fuegos artificiales en fiestas y reuniones. Más tarde, los chinos los adaptaron para usarlos como armas de guerra. En los siglos siguientes, los europeos desarrollaron un cohete llamado el Congreve que podía recorrer distancias de hasta 9 000 pies (2 743 metros).

Páginas 8–9

Los cohetes queman combustible. Los cohetes llevan combustible y oxígeno para quemarlo. La combinación del combustible y el oxígeno se llama propelente. El propelente genera el empuje que se necesita para impulsar al cohete. Cuando se enciende el combustible, se liberan gases. La fuerza de estos gases que salen de las toberas en una sola dirección hace que el cuerpo tubular del cohete se mueva en la dirección contraria.

Páginas 10–11

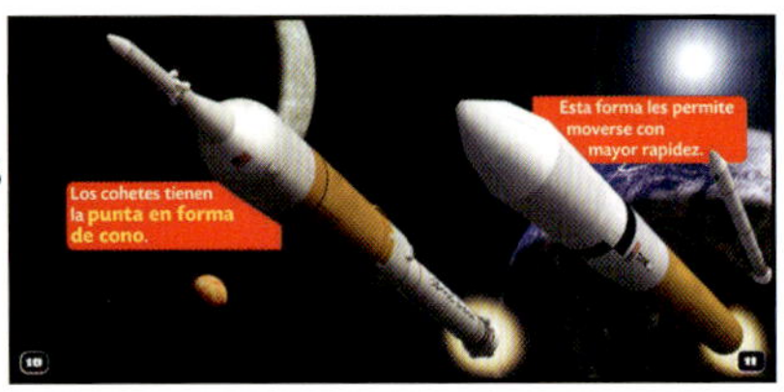

Los cohetes tienen la punta en forma de cono. La presión que trabaja contra la dirección de un cohete se llama resistencia. La resistencia se genera por moverse rápidamente a través de la sustancia del aire y no por la gravedad. Fuera de la atmósfera de la Tierra no hay resistencia. Los cohetes largos y delgados tienen menos resistencia que los cortos y anchos.

Páginas 12–13

El cohete es la única máquina que puede viajar de la Tierra al espacio. Los cohetes no necesitan aire para volar y no dependen de ninguna fuerza externa para tener potencia. Todo lo que necesitan para impulsarse, el combustible y el oxígeno, lo llevan dentro del propio cohete.

Páginas 14–15

Los cohetes son muy veloces. El cohete viaja a más de 17 000 millas (27 359 kilómetros) por hora para llegar al espacio. Antiguamente, los cohetes usaban un solo motor para desplazarse. Cuando se quedaba sin combustible, dejaba de ganar velocidad y eso limitaba la distancia que podía recorrer. Hoy, los cohetes multietapa llevan más combustible y recorren mayores distancias.

Páginas 16–17

Una nave espacial puede necesitar más de un cohete para llegar al espacio. La cantidad de cohetes que se necesitan depende del peso de la carga y la distancia de la misión. Los cohetes pueden usar combustible líquido o sólido. Los cohetes de combustible líquido son mejores para los lanzamientos espaciales porque, con el mismo peso de combustible, producen más energía que los de combustible sólido.

Páginas 18–19

Para enviar a los estadounidenses a la Luna, se usó un cohete muy grande. Un cohete Saturno V podía quemar más de 560 000 galones (2 120 000 litros) de combustible durante los primeros dos o tres minutos de vuelo. El último cohete Saturno V se lanzó en 1973 para poner en órbita a la estación espacial Skylab.

Páginas 20–21

Todos los días se construyen nuevos cohetes. Algún día, los cohetes podrán llevar gente a Marte. Los científicos creen que podrían tener que inducir algún tipo de hibernación para que la gente pueda viajar a Marte. Este estado de hibernación se llama letargo. Podrían pasar años hasta que los científicos logren que el letargo dure los 180 días que tarda el viaje a Marte.

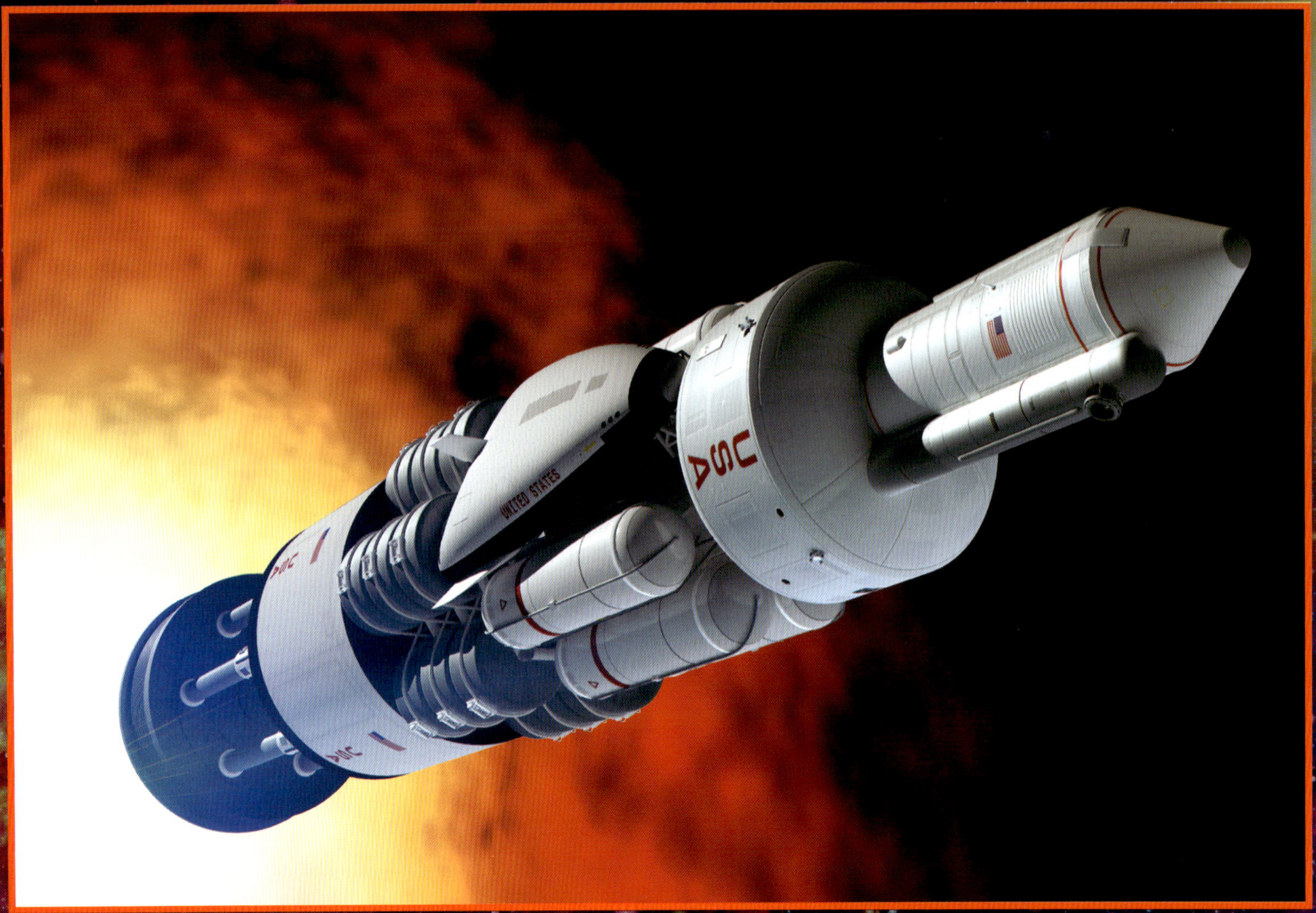

Published by Lightbox Learning Inc.
276 5th Avenue, Suite 704 #917
New York, NY 10001
Website: www.openlightbox.com

Library of Congress Control Number: 2024933184

ISBN 978-1-5105-8534-8 (hardcover)
ISBN 978-1-5105-8535-5 (static multi-user eBook)
ISBN 978-1-5105-8537-9 (interactive multi-user eBook)

072024
112023

Printed in Guangzhou, China
1 2 3 4 5 6 7 8 9 0 28 27 26 25 24

Art Director: Terry Paulhus
Layout: Ana María Vidal
Project Coordinator: Sara Cucini
English/Spanish Translation: Translation Services USA

Every reasonable effort has been made to trace ownership and to obtain permission to reprint copyright material. The publisher would be pleased to have any errors or omissions brought to its attention so that they may be corrected in subsequent printings.

The publisher acknowledges Alamy, Getty Images, and Shutterstock as the primary image suppliers for this title.